L'Albatros Noir

AF236205

Rachid Ferdinand

L'Albatros Noir

Au Tribunal des Arts

Recueil de poèmes

Avec la contribution de Liamine Baghdadi

»L'Albatros Noir«
Rachid Ferdinand

Bibliografische Information der Deutschen Nationalbibliothek: Die Deutsche Nationalbibliothek verzeichnet diese Publikation in der Deutschen Nationalbibliografie; detaillierte bibliografische Daten sind im Internet über dnb.dnb.de abrufbar.

© 2021 Rachid Ferdinand
Herstellung und Verlag:
BoD – Books on Demand, Norderstedt

ISBN: 978-3-7543-5163-5

Table des matières

L'Albatros Noir – Au Tribunal des Arts

Table des matières

Le Jugement

Le Jugement

INT. TRIBUNAL DES ARTS – JOUR

Rempli de MAÎTRES D'ART ET D'ARTISTES furieux et enragés. La salle tremble. Tout le monde s'exclame, hurle, maudit le POÈTE DE RUE qui se trouve en face du DIEU DES ARTS, imposant, presque effrayant – son juge.

>   DIEU DES ARTS
>   (frappe sur la table)
>   Silence !

Sa voix fait trembler la salle. Tout le monde se tait.

>   DIEU DES ARTS
>   Poète, qu'as-tu à dire pour ta défense ?

>   POÈTE DE RUE
>   Bah, j'sais pas, quoi. C'est pas d'ma faute si
>   mes œuvres vous dépassent.

Sa redevient bruyant, tout le monde s'exclame.

| ARTISTE | MAÎTRE D'ART |
| Insolent ! | Qu'on le pende ! – Mettez lui la corde au cou ! |

>   DIEU DES ARTS
>   Silence, j'ai dit !

11

On se tait. Le Poète de Rue s'éclate de rire.

DIEU DES ARTS
(perdant sa patience)
Trouves-tu ceci à rire, jeune poète ?

Poète de Rue hausse les épaules.

POÈTE DE RUE
Bah, ouais, mdr. À chaque fois qu'j'fais une
blague ça dégénère complètement, vieux.

La salle est choquée. Vient-il vraiment d'appeler le Dieu des
Arts « vieux » ? Le Dieu des Arts garde son calme.

DIEU DES ARTS
Surveille ton langage, poète. Tu es accusé de
diffamation et tu risques ton titre d'artiste.
Donc je répète ma question, qu'as-tu à dire
pour ta défense ?

POÈTE DE RUE
Bon, écoute, soi-disant Dieux de j'sais pas quoi.

Des soupirs.

POÈTE DE RUE
Moi j'fais juste mon truc, c'est tout. J'm'en
bats les couilles de ce que vous ou qui que ce
soit en pensez. En plus j'suis même pas
connu, alors qu'est-ce vous en avez à foutre

de moi ? C'est pas comme si j'vais pouvoir détruire votre image de « l'art par excellence » à moi seul.

DIEU DES ARTS

Ce n'est pas la question. Le fait est que nous ne tolérons pas de faux artistes parmi les nôtres.

Poète de Rue n'en croit pas ses oreilles.

POÈTE DE RUE

Moi, faux artiste ?

MAÎTRE D'ART	ARTISTE
Oui, tout à fait !	Et c'est encore dit gentiment !

POÈTE DE RUE

Mon cul, ouais ! J'parie qu'la moitié d'vous n'a même pas lu un seul d'mes œuvres, alors vous feriez mieux d'vous taire au lieux d'me juger, sales cons, va !

Tout le monde s'exclame. La salle tremble.

DIEU DES ARTS

SILENCE !!!

On se tait.

DIEU DES ARTS

Très bien, Poète de Rue. Si tu penses donc
être accusé à tort et que tu crois vraiment
mériter ton titre d'artiste, alors fait tes preuves.
Montre-nous tes œuvres et après je rendrai
donc mon verdict.

Il frappe sur la table avec son marteau. Le Poète de Rue fait
ses preuves.

Poète de Rue

Rêves Perdus

Recueil de poèmes

Enfant de la rue, appelle-moi chanceux du bazar.

Mes Quatre Murs

Derrière mes quatre murs se trouvent des choses bizarres,
Quelques rêves perdus,
Quelques pièces d'art,

Derrière mes quatre murs il y beaucoup à voir,
Enfant de la rue,
Chanceux du bazar,
Un don par-ci,
Un don par-là,
Mais rien au hasard,
Et puis me voilà,
Dans les bras de la vie,
Alors que la mort me sourit,

Derrière mes quatre murs, vient, entre mon ami,
Apprends à me connaître,
Vois tous mes soucis,
Tout ce que je voulais être,
Écoute mes ennuis,

Derrière mes quatre murs,
Voici qui je suis.

Me vois-tu rouler dans ma Voiture Noire imaginaire ?

Crevard

Je reviens, les années vingt c'est encore une fois la folie,

Œuvre après œuvre, Gros, j'ai pas fini

D'enchaîner les victoires, c'est ma décennie,

Je prends le relais,

Plus rien ne peut m'arrêter,

J'ai pris de la vitesse, 1500 chevaux,

J'accélère jusqu'au sommet

Dans ma Voiture Noire imaginaire.

Euh...

Haha, Poète de Rue, soi-disant visionnaire,

Apprenti littéraire,

S'imagine déjà milliardaire,

Sale con !

Que pense-tu vas-tu faire ?

Que dale, rien du tout,

T'encaissera coup après coup,

T'es pas si coriace,

Crois-moi, mon grand, tu ne tiendras pas debout,

P'tit fou,

Tu veux faire la révolution

Mais t'as aucune vision,

Poète de Rue, oublie ton rêve,

Quitte avant que tu crèves,

Putain, le crevard, il se relève.

Un reflet d'ange. Voilà ce que je suis.

Miracle Maudit

J'ai fait des faux pas dans ma vie,

J'ai cru au miracle quelle folie,

Ce conte de fée dans lequel je vis,

Sous mes pieds je l'enterre aujourd'hui,

Je prie, car je souffre, Oh Seigneur !

Entends mes cris, toute ma douleur,

Mais il reste muet, il m'ignore,

Qu'ai-je donc fait pour être digne de ce sort ?

Donc je marche sur cette route déserte tout seul,

Je trébuche,

Je m'y perds,

Je m'y trouve,

Je m'enfuis,

Et je prie pour de la pluie,

Même si je souffre sans abri,

Il m'ignore, donc je crie,

Cette douleur m'envahit,

Mais je souffle dans la nuit,

Dans ces ténèbres je revis,

Car je sais qu'après lui,

Je suis mon plus grand ennui,

Le mirage que je suis,

Un reflet d'ange,

Un miracle maudit.

Les lettres sont et resteront mes plus belles armes.

Regarde

Regarde-moi,

Depuis ma naissance j'accumule les victoires,

Si tu vois où je me trouve aujourd'hui, ça a l'air un peu contradictoire,

Je sais que c'est un peu difficile à croire,

Mais Gros, tu ne connais pas mon histoire,

Si tu savais d'où je viens, tu saurais que tout ça n'est que provisoire,

Je sais que ça sonne un peu bizarre,

Mais je ne connais pas la défaite,

Mon vocabulaire ne contient pas l'échec,

Je me rappelle cette mauviette,

Qui pensait pouvoir me faire la fête,

Mais il était trop bête,

J'ai peut-être l'air de rien, mais je frappe fort avec mes mots,

Ce bâtard je l'ai fumé à la John Wick avec mon stylo,

Je suis pas méchant,

Ceux qui me connaissent, savent que je suis plutôt bon enfant,

Mais ça m'étonne quand même que tout le monde m'aime autant,

Tout le monde m'adore,

Ils pensent tous que je suis un gars en or,

C'est sûrement parce que j'évite souvent les désaccords,

J'ai la flemme de débattre des différends, donc je les ignore,

J'aime pas parler,

Je préfère écrire,

Voilà mon sort,

Mais je m'en sors,

C'est à mourir,

Mais je vis un film depuis que mon dernier scénario a marqué,

Cette lectrice je l'ai tellement ému, elle a fini par pleurer,

C'est à ce moment que j'ai capté la force que j'ai,

Qui aurait cru que mes histoires pourraient mettre des gens en larmes,

Oui Gros, les lettres sont et resteront mes plus belles armes,

Et depuis, tout le monde s'est dit que Poète de Rue il va le faire,

Mais jusqu'aujourd'hui rien ne s'est passé,

Je pense que Poète de Rue il ferait mieux de se taire,

Quelle arrogance,

Putain, mon cher, garde tes pieds sur terre,

Ne perds pas tous tes repères,

Poète de Rue, regarde-toi !

Regarde, il porte les chaînes du malheur à ses pieds.

Imagine-toi

Imagine-toi être né dans la pauvreté,
Portant la misère au cou comme plus beau collier,
N'ayant que la faiblesse comme fiable allié,
Les chaînes du malheur sont mises à tes pieds.

Imagine-toi dévoré par toute cette tristesse,
Affaibli par tout ce mal qui te transperce,
Sachant que le monde se fout de toute ta détresse,
Pourrais-tu donc gérer ce destin funeste ?

Désirant l'inaccessible tu vises le haut,
Voulant faire l'impossible tu risques ta peau,
Puis tu te crois invincible et tu en fait trop,
Tu ne vois plus que ta cible, t'en est accro.

Sans jamais perdre la foi tu ne te retournes pas,
Et bien sûr tu marches au pas comme un fier soldat,
As-tu oublié pourquoi tu te bats, mon cher renoi ?
Crois-moi, tu finiras en bas, plus bas qu'autrefois.

Je noie tout dans oubli.

Ma Vie

Parfois j'ai juste envie de tout foutre en l'air,
Je sais que j'en fais trop, je sais que j'exagère,
Mais j'ai l'impression que j'étouffe, j'ai besoin d'un peu d'air,
Parfois je pense vraiment que je ne peux plus le faire,

Si je pourrais juste mettre le tout dans tout ce que j'écris,
Au lieu d'essayer de tout noyer dans l'oubli,
Au lieu de tout simplement étouffer tous mes cris,
Me disant que c'est le prix de la vie,
Ce n'est pas son prix,

Et je sens que je suis sur le point de péter un câble,
Si on me redit qu'il n'est pas préférable de continuer ainsi,
C'est ma vie, laisse-moi faire, je la gère ainsi,
Et j'en ai rien à foutre que vous pensez qu'elle est pourrie.

Si j'arrête de rêver, je cesse de vivre.

Sale Vie

On me disait,
Que je ne serai pas de taille,
Que je n'y arriverai jamais,
Que je perdrai chaque bataille,

On me disait,
Écoute les grands,
Écoute-les, ils connaissent le monde,
Écoute leur faconde,

Alors je les laisse parler,
Je les laisse m'embrouiller,
J'arrête de rêver,
Et je cesse de vivre,

Puis je change de voie,
J'oublie toute ma joie,
Je perds la foi,
Et je me livre.

Mais ces gens, oh ces grands,
Qui pourtant connaissent tant,
Méconnaissent tes talents,
Et étouffent tous tes dons,

Pour le monde bien-aimé,
Ils vont te briser,
En morceaux bien taillés,
Pour te refaire à leur souhait,

Et c'est ça la vie,
On te modifie,
Oui c'est ça la vie,
On te sacrifie,

Car c'est ça la vie,
On te qualifie,
Elle est sale la vie,
Elle te sacrifie.

Je tombe et jusqu'ici rien ne va bien.

Poète de Rue

Téma le reuf vient de le faire,

Il se barre du bled,

Il fait rêver ses frères,

Il laisse tout derrière lui,

Tous ses repères,

Et il oublie,

Et il se perd,

Poète de rue, je me cherche entre deux mondes,

Enfant perdu, rejeté je vagabonde,

Regarde-moi,

Je tombe et jusqu'ici rien ne va bien,

J'ai la haine,

Albatros abattu,

Beau de l'air, atroce de vue,

Étranger fui comme la peste,

Déprimé ? Non,

Dans ce cas, mû par l'envie d'être accepté,

M'acceptes-tu ?

Me vois-tu dormir en paix ?

Avec mon fusil à mes côtés,

Et ces deux trous rouges sur ma droite ?

J'ai l'air si moche,

Mais je ne crève pas,

Peux-tu m'offrir un rein, bogosse ?

Liamine Baghdadi

À Portée de Vue

Recueil de poèmes

Digne Corsaire

Jusqu'ici tout va bien,
Le diable nous retient,
La vie n'est pas juste,
Voici mon laïus.

Où est-ce que cette folie va finir ?
Tout ce que l'homme fait c'est s'avilir,
Mais j'reste tranquillement au quartier,
Où j'ai un rendez-vous chez mon barbier,

La seule issue pour s'enfuir : la piraterie,
On vit les quatre saisons comme Vivaldi,
Et nous essayons de créer nos dynasties,

J'peins les mots comme un graffiti,
Création d'un héritage de la Kabylie,
La piraterie n'est jamais finie.

La Rousse

J'parle à une passante,
Un regard, mon attention est croissante,
Son odeur est suffocante,
Qui me laisse dans une trance lassante,

Sans mots, j'ai besoin d'une encyclopédie,
Et j'finis par trouver la rousse,
Comme l'œuvre d'Henri de Toulouse,
Tout semble être une comédie.

Est-ce que je suis le misanthrope ?
Non, j'pense plutôt un philanthrope,
Avec un désir charnel,

Elle a l'air d'être américaine,
J'demande comment elle s'appelle,
Elle répond : Célimène.

Hors-la-loi

Assassinat dans la S500,
La haine sincère comme Vincent,
L'appétit vient en mangeant,
Et l'argent vient en changeant.

On fait tout pour les billets d'500,
Sorti du quartier, j'suis absent,
Le crime se paye facilement,
La prime augmente rapidement,

L'espérance de vie tombe,
La mèche d'une bombe
Brûle, j'ai tellement chaud,

Indésirable comme la chaux,
Les murs sont maçonnés,
Mon heure a sonné.

VERDICT